AF193303

No siga ese pájaro

© *Martín Zúñiga Chávez, 2024*

Ilustración de cubierta
© *José María García Domínguez, 2024*

© *Editorial Difácil, 2024*
editorial.difacil@gmail.com
www.difacil.com
I.S.B.N.: 978-84-10363-00-7
Depósito Legal: VA 211-2024

Imprime: Gráficas Máxtor

Impreso en España

Cualquier forma de reproducción, distribución, comunicación pública o transformación de esta obra solo puede ser realizada con la autorización de sus titulares, salvo excepción prevista por la ley. Diríjase a CEDRO (Centro Español de Derechos Reprográficos, www.cedro.org) si necesita fotocopiar o escanear algún fragmento de esta obra.

MARTÍN ZÚÑIGA CHÁVEZ

No siga ese pájaro

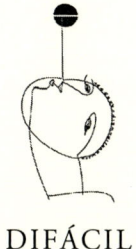

DIFÁCIL

para Pamela,
bastión inexpugnable de los afectos.

MECANISMOS DE COOPERACIÓN

01.

No hay más que promesas sobre la tierra. Promesas sobre la primavera a la vuelta de la esquina. La lluvia al caer en los sembríos quiebra la pavura, rompe las cajas. Un eco de rabia retumba en las paredes del sur. Íbamos a construir muchas máquinas. Promesas contra el horror contra el invierno contra la oscuridad del pasado. Dar vida de este modo es insensible, es reproducir la fragilidad. Íbamos a ser veloces, chongueros, dinámicos, bullangueros, justicieros. La lluvia busca la grieta, el corazón ardiente de la roca para extinguirlo. Sobre la tierra el hambre y el llanto. Arder sarcásticos con los colores de la alegría. Los vehículos contra el aburrimiento se devoran unos a otros con su retumbar insípido. No hay palabras, solo promesas. Íbamos a crecer más que los vecinos. Eran tiempos para invertir, para llegar a ser, no para arder. Íbamos a tener crías robustas e indemnes, y como serpientes de cobre los caminos forrados en asfalto nos unirían. Íbamos a ser fraternos y hermosos. La lluvia remueve la tierra, la hiere, la viola. ¿Para qué las propagandas, los programas de la radio, las películas, las canciones y los bailes de moda? Arder desternillados las cajas que sangran. Entrar a una habitación a oscuras y cerrar los ojos. Al compás de la tierra en el sur se enmohecen los callejones de la noche. Íbamos a refundar la idea de patria, pintar y embanderar cada manzana. El horóscopo dice no se derrumbe en lamentaciones o será así hasta el fin de sus días. ¿Pero y la tos, la sarna, el melanoma? Cartas van de un barrio a otro, cartas con letra redonda escarlata y ordenada. Con pagarés con contratos con promesas. Cada día los sembríos cobran fuerza, ampliamos la frontera agraria dicen los periódicos, las máquinas se atienden solas. Las cajas crían costras y se sellan. Arder melódicos ya no provoca la lluvia, que va y viene todos los veranos. Esta es tierra de cactus. Arder palabras con auténtica vida. Con vida maciza y persistente. No con imitaciones baratas de cables, grasa y lucecitas estroboscópicas todos presos en un retablo andino inmenso. Con campos de música y una idea vulgar e indigna, libre en el viento. No con las sobras o las dulces promesas. Una vasta nación de paja, a las 4:00 de la mañana, vendida en una caja rotulada, arde desde el sur.

frag |00|01|

leí en un mohoso cuadernillo de mi abuelo:
no se trataba de **nada erótico** tras enterrar
los trapos quemar **los indicios** contra el ex
presidente por aquellas chacras señala pasa
una carretera **con el dedo** donde a veces se
veían viajar peces volando **miras** aunque ya
nadie ose ir por acullá la uña **larga** la mano
cual escuadra hace **bang bang** desapareces

00.

¿Puedes mirar este brillante heridar? Acumula espejos ropa y muebles (nunca en silencio) y grasa de las ventanas (quemándose) La **constante cub** entre máquina y orgánico la flor tejida en probetas médula/metal la humedad forra su cuerpo / el vello ardiente de días de semana la pelea es el gif del tipo de pornografía que disfrutan los planetas sensibles emergidos de los gestos de las tormentas ¿Puedes comprender el temor (rosado) en ese rincón de la herida? sus labios señalan el límite entre su brillo

y lo que está fuera de él **re/presentado** todo cuanto queda fuera. Amontonar voces bajo la cornisa busca no halla Relación entre flor fronteras. Cub golpea *gritan* y nadie *insultan* responde *patalean* las rejas de hierro sintético sordas como dioses Cuanto nombramos progreso alienta la extravagancia. [definición] el singular brillo conserva el reflejo cada ingreso deja rastros / bits / fragmentos de información personal / sin sentido aparente / en la llaga / en todos lados / sangra / que pueden ser recuperados / que no (mienten) / el sistema está así programado / como una secuencia comienza y comienza cada vez *flor bucle se llama* algoritmos en conjunto depurados compilados probados. Dentro de las fronteras de la herida nada envejece

nada hace sombra nada se pierde.

frag |61|80|

leí en una carta de suicida:
te irás dando cuenta
no
me detengo mucho
a pensar o desar/
mo todo y
      falta ritmo dice
se muerda la lengua *dice*
tengo perros dentro y
casas de millones de colores
al otro lado del viento

11. ERROR DE CAPA 8

Imagen cerrada al aire convexo y estanciado, no vuelvas por tu moneda en cada balsa ni te acerques más al sol pues derrite. ¿Qué es alguien? Banana banana banana. Tienes un hijo, un adverbio, una casa. ¿Qué podría faltarte? Hay un límite a la cantidad de sensaciones que alguien puede obtener. Las categorías de lo humano y cuanto lo niega están difuminadas. ¿Qué diferencia a una mano del celular? Si los surrealistas pensaban en la velocidad diferida entre el pensamiento y la escritura, esta se ha resuelto. Banana banana banana. Una mosca da con su vuelo contra la telaraña como una flor llamada Marchita. Las tasas de deserción escolar cada vez son mayores, pero aún tenemos libre albedrío. Mira que afuera en los caminos sinestesian sombras y ladran como locos: con hambre y silencio como alguien que podría ser yo dedicado a escarbar en nuestro sobre del mes para tener por dónde dormir. Dejados como somos, les dejamos a las máquinas el dejo de salvarnos. ¿Y si tu router deja de funcionar? Banana banana banana. ¿Qué es ser alguien? Un humano. Tengo chips y bites dentro. ¿Con esto puedo serlo? Pero por el contrario, amé demasiado. Hasta el punto de lo intacto. Hasta llegar a perderlo. No es como se piensa. Es más parecido a aprender un oficio: granjero o estafador. Ahora me hundo con todo mi cosmos y cableado en las rocas. Ahora aquello es un camino pantanoso y desolado perdido en el monte. Día a día solo tomo del espacio su energía. ¿Hay aquí algún alguien? Banana banana banana. Banana banana banana.

frag |33|98|

leí en una pared:
si esta palabrita
no te sabe bien
no sería honesto
darte cuerda —
no haces reír

10. VÉRTIGO

Entonces de pronto el tedio, la torpeza. La casa es un desorden vacío: retazos de imágenes caminan por el mundo cual película muda, tal vez ciega. Y las constantes (la gravedad, la velocidad de la luz) fugas del agua entre las manos, vestidos hechos de retazos. La determinación de un niño con mucho tiempo y nada de dinero, enfermo de sucesos, de pasado, con otro corazón dentro del cráneo. Entonces crece algo estéril en el cuerpo, acaso un poema ingenuo o una diatriba. Todo se pone en marcha en la noche al compás del sol. Porque regresar es el único movimiento prohibido. Porque se mira en silencio. Porque si se rompe el silencio se rompe la mirada. Porque un cuadro nace en el ruido o en sus fronteras. Porque el ruido destapa ojos y se filtra en el cuerpo. Porque son cuerdas de guitarras españolas. Porque la cuarta cuerda está rota. Porque los zapatos ya son caminos. Porque es la forma más límpida de encontrar. Porque los números primos son divisibles solo por el 1 y por ellos mismos, son solitarios y sospechosos. Labios que podrían besar componen rezos para la casa rota. Son los mejores momentos cuando con dedicación nos visitamos, nos damos abrazos, leemos juntos. Viajamos más de siete veces alrededor del mundo en un solo instante, alrededor en un toro mecanizado para ser menos sanguinarios, menos bárbaros. Se carcome primero el aire a sí mismo. Otra de las características de un determinado tipo de estafador es simular saber de algo que

no sabe para conseguir dichas. Luego sucede el sueño. La vida te ense-
ña cómo fingirla si vives lo suficiente. Y los colores de su ropa sobre el
espejo blanco de la nieve son hitos que marcan el camino a la lumbre.
Mientras, la hierba aún crece.

frag |87|49||

leí en los poscréditos de una peli:
y mientras duermo veo los títulos
me gustan todas sus grandes letras
helvética sin serifa todo cuadrados
les tengo cierta manía. no resumen
nada no dicen nada desconciertan
prometen algo que nunca sueltan
o que lo dan tan fácil: una forma
de decepcionar, pero a la inversa

OTRAS CATEGORÍAS DE LA VIDA HUMANA NO EXISTIRÍAN EN ABSOLUTO EL CASO

01

Te enseñé los pequeños secretos del mar, de las costas de la mar: entregar el corazón es recibir y es verdad. No importa donde vayas, todo está conectado. Todo es sangre. Cumple con tu palabra, tal vez para eso existan las palabras. Y brillar es una palabra. Cumple con tu palabra y no caerás en viajes penosos de vuelta a casa. De eso es que tratan todas las historias. Si alguien me dijera que no sé contar, le daría toda la razón. Y puede suceder que todo se vaya, te dejarán lo mar, extendiéndose más allá del amanecer de esta era de ciborgs. Aunque tengas la juventud de un cerdo —los viejos griegos amaban esto— los placeres de un cerdo el olor voraz de un cerdo, quiero decir que no puedo ser absolutamente brutal: no está dentro de lo que soy capaz. O puede que yo me vaya: te hará compañía la soledad del mar. Yo conozco las barcas hacia donde crece el mar, es de ello que te hablo. De la rabia que crece bulliciosa dentro y fuera de los días. De la marea que ahoga y luego se marcha. Deja a las viejas aves que te cosechen las pistas de la lluvia. No como el sol, que es gente, dicen. Gente muy importante. Si se muere el sol todos mueren. Nos han manipulado a un nivel cada vez más profundo. Prótesis, demonios, metástasis. Como las sombras sé mitad miedo mitad frío y mitad misterio. Por tus ojos y tus palabras me reconocerás: ese ya es un camino sin fin de atardeceres. No hay ya nada que reclamar al televisor. Ahora las imágenes que surcan las pantallas son tuyas. De haber nacido dentro de cincuenta años, todo esto que te digo me parecería medieval (que lo es), y tal vez entonces el lenguaje se base en algo menos corporal o mental (algo mucho más veloz cooperativo y sincero). De seguro piensas lo mismo al leerlo. De seguro tenemos mucha fe en nuestra especie. De seguro tal vez al leerlo ya no haya mar.

frag |89|48|

leí mientras despertaba en el periódico oficial de la nación:
~~solas se oyen las calles~~ *no se garantiza la vigencia de los derechos*
y libertades constitucionales e~~n su huir brutal de carnicería~~
~~por eso cuando grande~~ *como consecuencia de la declaratoria*
cesa la plena vigencia de los derechos ciudadanos ~~quisiera ser~~
~~lector, algo que es por~~ *libertad de acción, detención legal,*
interrogatorio a detenidos o presos, libertad de locomoción ~~mucho~~
~~más civil, honrado y modesto que este miedo con caries~~
derecho de reunión y manifestación y portación de armas, contenidos
en los artículos citados ~~pero mientras tanto, escarbo días a mano.~~

0. CASA

Mi casa me esperaba con las puertas cerradas y la boca llena de niños y polvo. Sé que llegué tarde, que la ciudad me mira mal por eso: no ven las astillas que les crecen a mis codos; la música resquebrajada de los gatos en mis muñecas. La sonrisa de una bala metida dentro del cráneo. Cómo iba a adivinar cuánto soñaba, su mano hasta dónde alcanzaba, dónde terminaba el ciego amor. Mi hija que ya no es mi hija: ahora ella es mi padre-madre, ahora ella me enseña a secar saltamontes, a embolsarlos con cuidado de no romperlos, para venderlos a los curanderos de Huasao. Y joven i precoz se ocultaba el sonrojo i la sonrisa en otra mano imparcial y tibia. Nadie piensa que estar lejos ulcera a los espinos y a las maderas, la sed tan inútil entonces los dolores de distancia el frío de las balas. Cómo iba a saber del escarceo, del temblor y la ruta sucia sed de sangre de oscuro cuerpo. Es cierto: pagan más que por mantis o por ranas. Y saben mejor, me han dicho. Por eso, en la boca de la casa mis hambres abrevan.

frag |48|20|

leí en el margen de una pintura cusqueña: [?] incendia toda la fruta con jugo de limón   sin notar

fruta sagrada como el Miserere de Allegri y sus improvisaciones

sobre tu cuerpo

recién inventado

INTRODUCIR LA OBRA DE ARTE EN LA VIDA HISTÓRICA NO ABRE PERSPECTIVAS EN SU SENO,

0. EL DULCE SONIDO DE LA ESTÁTICA EN LA TELEVISIÓN

Eran los mudos comienzos del siglo. Un chico perdido de dieciséis, luego de celebrar año nuevo durante dos semanas, tomó un bus y viajó al oeste. Al siempre viejo y peligroso oeste. Nadie podía decirle qué tan era el oeste: las ciudades casi costeras donde crecían trampas en cada esquina, donde cualquier sueño puede terminar en algo que devora. Lo de siempre: un migrante con muchos sueños, sueños criados poco a poco en las pantallas de televisión. Sin nadie que viese por él. Ni él mismo. Siempre se está así de solo en el mundo. La familia es la forma que tienen para hacernos creer que no estamos solos, y en realidad nadie puede asegurarlo: cada familia tiene un criminal o un santo entre sus filas. Un pequeño caníbal totalmente solo. Total que llegó a una ciudad perdida en medio del viejo oeste, una ciudad blanca como un escupitajo de tuberculoso. No sabía cómo comenzar, así que fue anotando poco a poco lo que le sucedía para leerlo antes de dormir. Entre escribir lo que le pasaba y leerlo, se iba todo el tiempo. Entonces se vio a sí mismo convertido en palabras sin dirección ni peso, garabateadas en cuadernos escolares y amarillos. Por eso se tiró bajo las ruedas de los trenes en movimiento. Por eso toda la noche previa se dedicó a escribir lo más rápido posible sobre los días que hubiese, las calles vueltas a oscurecer, el agua que no iba a beber. Por eso puso música en la casetera —en aquel tiempo todavía existían caseteras—, juntó su poca ropa en el centro del cuarto, le esparció querosene —en aquel tiempo todavía en los grifos vendían querosene— y empezó a quemar todo. Nunca llegó a tener dieciocho, pero poco a poco su imagen se distorsionó con modulación. Por eso de muerto hizo milagros y el pueblo lo santificó. Esto fue antes de que todos tengan cámaras a la mano. La calle donde dormía terminó en cenizas, pero no hubo ningún muerto, como sucede con los santos. Esa calle tiene su nombre. No la encontrarás en las guías de turismo, pues es una calle que ha ido viajando por el mundo. Y algunas noches los televisores de la ciudad, sin venir a cuento, se prenden solos, y hay estática y armónicos y la imagen se distorsiona, y algo entre todo ese error pronuncia su nombre. En algunos programas llaman a eso mancias, pero casi nadie se da cuenta, entre tantos televisores olvidados por los que duermen. Por cierto, bróder, ¿qué tanto duermes?

frag |45|86|

leí en la agenda de mi esposa:
|se puso a escuchar en bucle
|las cartas donde le contabas
|sobre la   ormiga y el elefante
|que tan enamorados juegan
|a las escondidas uno tras el
|otro y al revés y no era tuyo
|el chiste pero sí su llena risa

COMO SÍ LO HACE EL INTENTO SIMILAR DE LOS PUEBLOS, QUE ABRE LA PERSPECTIVA

11. EL TERCER COLOR DE LA TIERRA

luz blanca paredes blancas. esto es la vida. papel blanco para liar el tabaco. dijo que aprendiera a despedirme. delatar es un arte que no aprenderé. paredes blancas, papel de arroz blanco. pienso en los flecos de color dentro del templo cuando atardece. sé ser paciente. se me dan bien las canciones sin letras. me tapan los ojos con un trapo blanco para ir al baño. yo mismo vestido de blanco. ¿tienes frío? en el borde de una hoja anota un número que después traduje y me lo estira. un gúgolplex. cierra su traje blanco, abre la escotilla y empieza a flotar. paredes blancas piso y techo blanco. le puse el nombre de un dios para la extracción. pienso que debí seguirlo, elevarme sobre la ciudad— un ave desnuda y hambrienta busca nichos con su cabeza dentro de una bolsa plástica. la clave cumple con la regla de tres. arroz blanco para el desayuno. ¿tienes frío? ya quemé la hoja. paredes blancas, arroz blanco para el almuerzo. en cierto sentido se siente bien estar enfermo, es como que tu cuerpo te dice que existe que está ahí, que tiene forma, que no es un mero ornamento con el domingo en las amígdalas. lo que tiene forma se destruye pronto. el archivo no sirve de nada sin ese número. sería suficiente un gracias. o decirte no te vayas. vienen. explotó. grito. no te vayas. luz blanca de todos lados un parlante blanco escupe palabras blancas. debe haber miles como yo con los oídos blancos. el único ruido deben ser mis cabellos negros.

solo estoy seguro de mis dolencias del temblor pálido de mi lengua. el nombre de un dios de tres caras. me muerdo un dedo para ver si sangra. sin pedirle otra cosa solo un no te vayas. entre las paredes blancas los sueños son blancos. ¿tienes frío? se fue flotando hasta la luna. la sangre que emerge, lo sabía, es blanca.

frag |83|43|

leí durante las vacaciones en un ensayo burdo:
hay una breve diferencia entre un treno (canto
funeral realizado en ausencia del cadáver) y un
epicedio (canto funeral realizado en presencia
del muerto) YO deseo sus deseos el sabor tan
dulce de reventar cráneos de políticos contra
el pavimento aunque ceder es una forma de la
debilidad. las marchas las manifestaciones son
el primer sí de una geografía nueva los describe
desde su pecho y desde los ojos de ron los otros
los moribundos celestes no encajan en la larga
lista de la bioectomía y esperan turno desde
la madrugada no nos hemos portado muy bien
y estoy todavía demasiado dormido para sentirlo
y muy feliz como esta insolente y colosal cumbia.

11. INTRODUCCIÓN A LA CEGUERA

Lo rasca con su pata derecha. Algo desaparece entre los carros. Rasca un cuerpo tendido sobre el asfalto, bajo el chasis de un camión. Le ladra, gruñe, lo empuja con el hocico. Un casi ya no cuerpo tendido de lado. En sus ladridos parece que le apresura que le grita despierta, no te vayas, no te detengas, despierta, mientras la gente pasa al lado de ellos, mientras alguien graba la escena. Da vueltas a su rededor, le lame el hueco y ahumado sexo sobre la calle. Ves varias veces el video antes de dormir Paras y rebobinas escenas Desde los 12 años programas así tus sueños, recopilando imágenes y sonidos antes de dormir Si sales del sueño de manera suave, sueles cazar algunas cosas con plumas antes de empezar a pensar Pero si es abrupto, las cosas con plumas se esfuman y el sudor te baña y sientes tu piel chamusqueada. Arde. Otras veces son cosas con garras y dientes metálicos los que te arrastran fuera del sueño Lo rasca otra vez con su pata derecha, le ladra, le susurra algo al oído sin respuesta A veces haces lo mismo con las cosas con plumas, sin conseguir morderlas.

frag |65|63|

leí en mi primer cuaderno de bachiller:
me fui, como quien se tapa las ranuras
por donde se desangra.
Como cuando uno dice que está triste
y en realidad es que tiene un poco de frío
y se arrima al infierno para calentarse.

LA HISTORIA DEL ARTE CONTEMPORÁNEA SE REDUCE A UNA HISTORIA DE LA MATERIA

CONJETURAS

CONJETURA 1: BEBO APOYADO EN MI LANZA

La flaca silueta de las casas crece desde mis pies
Bajo un cementerio de nubes como naves colisionadas.
Atardeces. Repiqueteos de tacones trotan
En todas direcciones desde un ojo de buey en las puertas.
Alguien llama con la desesperación en los nudillos.
La puerta se abre a las soledades
De las pantallas que ciegan como eclipses de cerca
Y el sonido de una sombra se siente en oscura fuga
Como la explosión de Neo Tokio,
Como las cataratas en Tatooine y
Ríos de anís e hinojo golpean el olfato de mis sabuesos
Mientras veo cómo caen dormidos. ¡Aídemi!
La flacura de las casas se quiebra.
En el óxido tibio de las arterias
Reventadas se reconfortan los graffitis
De ventanas y paredes, el mortero
Entre los naranjas ladrillos
Y luego ya mis suelas. Chapoteos
En la fuente son mosquitos cazadores en vuelo
En picada sobre los fantasmas de sus presas.
Crecen incendios de templo en templo

Borrando la oscuridad:

Este paisaje, *brother*   es tu espejo.

frag |81|17|

leí una publicidad en mis sueños:
los sueños los sueños
donde nunca puedo ponerme
mis zapatos tullidos
donde la cera por el sol se derretía
y
sudo nuestro corazón por los ojos
Sabes   mejor no hagas nada,
como si el pan fuese una eterna luna creciente
los sueños los sueños donde
NADIE REGRESA DE LA IMAGINACIÓN
SIN HERIDAS NI UNA ECONOMÍA LALÁ

O A UNA HISTORIA DE LA FORMA, PARA LAS QUE EL ARTE SÓLO SON EJEMPLOS, O, COMO

CONJETURA 2: ESTRELLA NIEVE MI CUERPO

La frontera de mi cuerpo era agua
y él aprendió a golpear el agua:
nunca antes tuvo tanto esmero.
Tarde se enteró de que nunca
tuve diecinueve años
y que pronto el celo convirtió
mis pies en manos
               y a mis sueños,
en mares   oscuros
       y sin fondo.
Y a pesar de que no sé nadar
y de lo harto que me he cansado,
de que el aliento es a mi edad cardúmenes
                  escurridizos
todo aquello me parece en el futuro solo bruma,
solo niebla. Por eso mi corazón llora
lagartos. Las máquinas no entienden de sacrificios.
No hemos venido aquí para morir,
sino para saber si estamos vivos.
Futuro. Que llegue pronto que sea breve
y placentero como los días dentro de casa antes de enero,
cuando era invierno, cuando no estaba él.

frag |72|3|

leí en el pdf que me regaló Rodolfo:
El niño que se acercaba
a la laguna a cortar el lirio
se cae al agua.
Su vestido era blanco
no como el de las Parcas.

SI DIJÉRAMOS, MODELOS. NI SIQUIERA SE PLANTEA LA CUESTIÓN DE QUE HAYA UNA

CONJETURA 3: HE PERDIDO EL EQUILIBRIO

He perdido el equilibrio
recuerdo haberlo dejado guardado en una caja
debajo de la cama tenía sus dedos completos
sus alambres para sonreír bien aceitados
recuerdo haberle dicho no va a pasar nada
no tengas miedo
cuanto suena en la oscuridad también suena
si dejamos la luz abierta
he perdido el equilibrio
como quien se deja olvidada la nariz
cuando entra a la calle
como esos siete segundos incómodos
en que te es difícil dar con el nombre
de la zanahoria y tienes que señalarle
al tendero con el dedo
o dar con el nombre de tu padre
y no puedes señalar ya nada
el equilibrio debe estar asustado
lo conozco al pobre
hemos vivido mucho tiempo juntos
un día me decidí y me paré en dos pies

debe haberse agazapado en una cuneta

mientras ve la velocidad de los autos

siempre le sedujo la velocidad

se escribían largas cartas al principio

luego se dejaban mensajes de texto

a veces me pedía prestado un poco de tiempo

para asomarse a la ventana e ir a verla

he perdido el equilibrio

por eso trato de no moverme mucho

estoy al pie de un árbol

siento todo el vértigo de la rotación del planeta

al respirar no observo que el deseo desaparezca

aspiro y la cesación se incendia

expiro y la renuncia se incendia

buscaré mejor debajo de la cama.

frag |9|17|

leí en otra carta del mismo suicida:
A veces extraño
        las frases hechas
No olvidar la llave dentro del coche
tomé un puñado de arena y tonto pedí
No planchar la ropa puesta en el cuerpo
tantos cumpleaños como granos de arena
Todo comienza por la parte primera
y olvidé pedir que sean años de juventud

CONJETURA 4: ACTUANDO EN METÁFORA

Halló un asesinado unánime en la sucesión de las gotas que
      entretejen el río
una máscara ahora ocupa el lugar de la luz como tableros de ouija
hechos en casa, con mucha eficacia se esconde
en la parte más remota de aquello que hemos dado en llamar
pensamiento / recuerdos / memoria
podría mencionar su sonido tuvo un sonido sí
un aleteo de ratas voladoras o de algo no más sólido
si lo comparamos con el rastro de las mariposas
un sabor también pero un sabor de cosa ida
digerida ya cortada ya empaquetada y despachada
tengo clara la escena era una tarde como cualquier otra tarde
ya habíamos confiado la mayor parte de nuestra vida diaria
a la mecánica luego de tres noches de insomnio
revisaba las cosas de la tarde la bandeja del correo los mensajes
corría en la compu un video sobre las relaciones
hoy en día cómo se citan los amantes
los que están allí afuera y te van a encontrar
los que hacen daño cómo se conocen
cómo se hablan y se erotizan los lectores
y los escritores todos están ya conectados

híbridos dejando rastros entre el mundo espiritual
y el material entre los bites y la realidad social
desde la inicial torsión de conciencia
cuyo límite es solo una ilusión óptica.

frag |98|5|

leí en un manual informático:
Los amigos los fabricamos
con la medida
de nuestros terrores
Una larga lista de noes
Una corta lista de síes
Preferir ratas insectos alimañas:
su sangre es tibia
y llena de bosques

ENTRE SÍ DE MANERA EXTENSIVA Y ESENCIAL, CON UN VÍNCULO SEMEJANTE

CONJETURA 5: EL NÁCAR VE

Como en el año 3 del milenio entré
en un camino de tierra, estacioné lo verde
de mi auto sobre un prado, prendí digamos
un cigarro y me puse a escuchar el sol
golpeando sobre el capot y la radio.

Mi negra calavera es un escupitajo de nácar
en los terrosos pensamientos de mi generación.

Hay un bosque donde al fondo los cerros
un par de casas en medio con lámparas como ojos
y de seguro perros, y gallinas y patos y una vaca,
una infaltable vaca que da becerros y leche.

He sintonizado la radio y suena un disco ciego,
viejo, cansado y dolido por una historia de amor.
Un disco cualquiera sabe desarmar
el mundo como un rompecabezas.
Hay 29 multiversos y los haré explotar uno a la vez.
Lanzo un dado y no hay ningún resultado.

Luego encendí el motor que asustó a los perros
todas las canciones en la radio terminan
con una traición o con una fuga y partí
dando media vuelta en el auto
siguiendo el inconfundible olor del miedo
que anuncia la lluvia antes de romper.

frag |76|28|

leí en un post del 2004:
Los mails de amor
los chats de amor
los audios de amor
sendnudes de amor
son lo que las cartas
eran para los abuelos
'Eres la mujer de mi vida'
y luego, se hacen pareja,
se toman de la mano
buscan y ya pues se casan
ya nada de sextearse
y al tiempo dicen
fue una tontería,
que lo sienten mucho
de frente a los ojos
Un día se dicen
que se acabó que ya fue
Mis analfabetos abuelos.

CONJETURA 6. DE LO IMPASIBLE

Aprendí a fallar y llegar tarde
y frío río del infierno
a decir tu nombre de la manera equivocada
a posar mi blanco insomnio en tus manos
y pasear tu mano en mi costado
en llamas a ver si ubicas
el lugar que ya no habitas

a levantarme mercenario y que me veas
recién salido del colmillo de una cobra

Y cosechar en la raíz de las rocas
un sonido de pisada de gato
para poder huir de la saliva de las aves
del aliento de los peces
y en la madrugada barca sin nombre
entrar a casa pisando despacio,
sin ser oído y decirte que trabajo
mucho, claro, mintiendo.

En un amanecer no muy lejano
también tendré que devorar el sol.

frag |62|13|

Leí en un recetario de postres chinos:
Una pregunta que siempre me hago
es: por qué podemos hacer preguntas,
mientras construyo con amor metáforas
con centros comerciales transparentes
en medio con películas porno en el fondo
sobre los labios blancos y resecos de ebrios.

ES SÓLO INTENSIVO. LAS OBRAS DE ARTE SE ASEMEJAN A LOS SISTEMAS FILOSÓFICOS,

CONJETURA 7: IMPASSE

Ya sé. Se trataba de la valentía.
Un buen tema para cualquier conversación.
Terminada la juventud,
se está a merced del miedo
(Olvido García Valdés),
por eso aman la valentía, como los héroes.

Como si el valor valiera algo (Bolaño).
La inconsciencia de los héroes al trotar
sin saberlo sobre su piel
esquivando los huecos como sobre las olas
más altas
es solo
      técnica documental
      estrategia discursiva.
No tienen el valor de mirar atrás como lo tenía
Apollinaire porque no tienen memoria.
Pero no basta ser valiente
para aprender el arte del olvido
(J. L. Borges).
Amar sin aprendizaje degenera, pero te diría
ten el valor de equivocarte. O entra sin naves

en el altamar del sueño.
El sueño que divide sin rencor a sus amantes (Walcott).

Desde la proa se ve cómo el fugaz romper de las olas
es una máquina urdida
para devorar y construir a la vez.
                      Debajo

de la marejada florece con amor la verdad
respirando en medio de los huecos
como un joven   elefante pesado y hermoso
                  ocultando al sol
                        tras su risa de marfil.
Este es nuestro pequeño espacio de confianza (Watanabe).

Con su solo ojo de arena la verdad vale por su risa.
Y toda risa es liminoide.
Su inundado vacío (como papel
quemado) tiembla bajo el oleaje (y al llegar cerca
del obstáculo la ola crece, crece, se empina
y disminuye de anchura) con el sonido tísico de la hoguera.
No de miedo.
Miedo a que lo que ame sea letal para aquellos que amo
(Carver). Dentro del tubo de la ola antes de romper
la risa tiembla de emoción
pues hay carencia en su atracción.   Y cadencia.
La atracción de enfrentarse al horror y de tener una teoría sobre él.

En un texto de cuatro líneas sales del sueño.
He soñado una fuga. Un «para siempre»
suspirado en la escala de una proa (Vallejo).
Y alguien, del otro lado, siempre espera.
Impulsada por su angosta velocidad la ola pierde equilibrio
y se estrella
      estruendosa
           sobre las peñas.

«Solo se es valiente para el otro».
Lleno de aforismos acuáticos
la valentía se filtra entre las piedras.
Aunque sin puerto alguno.

      Hueco.
Cuántas costas ficticias
Antes del puerto hay
(Emily Dickinson).
Cualquier texto puede ser un puerto.
Liminoide. Me gusta esa palabra.
Mas en aquel tiempo,
cuando rompían las olas los puertos
no la conocía.
      Por eso para hablarte
      tuve que referirme
a la juventud

Atardeciendo
Sin amor
Con su boca inflexible
Hacia el mar (Elytis).

Pero entonces, totalmente trizas, apareces
con una fruta gastada en el hueco de cada mano.

SIGA ESE PÁJARO

BROTHER (CRUDA)

Un libro grande es un gran daño.

CALÍMACO

Un hombre donde comienza el mundo.

Un hombre hueco y su oficina opaca.

Las calles filtrándosele con sus autómatas charcos.

Las calles de tres al cuarto, socarras, sórdidas, azufres.

Un hombre que a los 12 años descubrió el miedo.

El castillo lo llaman como si no fuera un laberinto.

Miente sobre las cosas que no le interesan.

Ebrio multiplica el ruido. Repetir. Ceremonioso.

Largo bromea con las mozas de las tabernas.

Despliega el invierno para entender el universo.

¿Dónde cabe el sentido del ocio?

Todo tiene monedas en el cuerpo.

Todo debe llevar sellos en el cuerpo.

Mas la risa y la belleza son procaces.

El invierno es casi ruso y la casa caliente.

Ríe de las cosas que no le interesan.

Tiene 21 años cuando conoce la mentira.

Abre sus ojos como el primer bruto libre.

Despliega una soga a ras del suelo para tropezarlos.

Se hace el distraído, el que con él no es la cosa.

No se miente de las cosas que miente.

Tiene 32 años cuando vuelve el miedo.

Las calles a través de la radio nos llevan a la playa.

Opaca es la mesa, la cama, su puño en la fonda,

Donde escupe a juristas ebrios que solo imitan

A Solón, el poeta enamorado de las polillas.

Un hombre tranquilo y peligroso.

Repetir el ruido del invierno dentro de él.

Un tipo que lastima. Que tose sangre.

Tiene 35 años y todo converge. Quemen todo.

Tierra desconocida la tierra de sus zapatos.

Solo con respuestas, un tipo siniestro en apariencia,

Trabaja con ambas manos orfebre y pregunta.

Las calles y su naturaleza de flores descompuestas.

No le interesa cuanto miente sino para reusarlo.

Flores que son una metáfora extrañamente cruda

De su risa afilada de su líquida belleza de mercurio

Para la economía de los clientes del castillo.

frag |54|48|

leí en la pared de un baño público:
Una pregunta que siempre hago
es por qué nada suena falso
en primera persona
Me rompe los ojos con su húmeda luz
Pupila vaporosa moja mi ropa interior
¿Ven? Y eso que no amo las metáforas.

OSCURA GOLONDRINA

Yo le di mi corazón. Saqué mi corazón y se lo puse en la mano.
VICENTE LUIS MORA

La situación es esta: estoy en casa,
he lavado los platos sucios
juntado al sonido en un cajón del armario
guardado tu porción de cena en una olla
y sin muchas ganas prendí la televisión.
Entonces se ha hecho de día.
Entonces aún no has llegado.
He calentado tu porción de cena y sin ganas
almorzado. mis ojos se han cerrado,
me he despertado casi cada hora.
Limpio un poco pongo el sonido en su sitio
rebusco algo para la cena. serví dos platos
con un mantel nuevo. Han cortado el fluido eléctrico
otra vez y otra vez el mechero la noche y la sed
se encienden. tengo la tentación a ratos de salir a la calle
a esperarte, tomar el sonido entre mis dedos reventados
sentarme en la vereda entre la fría madrugada.
Entonces has entrado por la puerta de moscas,
tirado las llaves y las balas sobre la mesa

encendido el sonido y sin mirarme has flotado
hasta la habitación y luego de tumbarte
sobre la cama poco a poco has vuelto a ser tú
y yo he hecho como si no me hubiese fijado.

frag |62|27|

leí hace dos años en el guion original de una película tipo B:
A- Si fuésemos inmortales, lo que siento por ti sería diferente.
B- Lo sé, y yo nunca te pediría nada.

SIGA ESE PÁJARO

las aves amarillan cuando pasan los perros.
pintar eso
      ponerle tréboles olores humedad
      velocidad
las aves saben cuánto los perros son traslado
¿quién eres? saludas entre las plumas
y vibra la cuerda floja
pintarlo
en su propio natural sin escusas sin traducciones
detenerlo en el gesto binario que limita la metáfora
la acción marcada por accidentes gramaticales
soy demasiado tarde
            afuera hay
otros movimientos que absorbe cual pozo arena
y mete aves y perros en silencio por los sentidos

la esquirla de una bala moviéndose
      con tanta fuerza
que pierde el color hasta destruirse.
una metáfora sónica
        y sigues tendida a mi lado
      y tu corazón aún brilla en mi boca

frag |5|26|

leí en una revista del corazón:
Aquí está la verdad, lo hice
ya lo sabía
¿Por qué probarme?
lo siento
¿Quién eres tú!
anda, grita, pégame
no ¿Qué quieres?
que te sinceres
¿Por qué me humillas?
solo quiero la verdad
¿Por qué!
por adicción

SIMPLIFICADO EL CORAZÓN

piensa en un muerto familiar
en el padre de alguien que conociste bien.
en la curiosa forma en que se queda dormido
y cómo crece un nuevo latido
ahora verde
      bajo sus blancos pelos.

piensa en cómo la voz de eso
si puede tener voz lo que no tiene aliento
se esconde entre la calvicie del viejo
revolotea por las hendiduras del humo
hasta encontrar su propia trinchera
      dentro del firmamento.

y aquello cada vez más verde y menos
cuerpo se ovilla sobre sí mismo,
se arranca las uñas
igual a como hacemos los ciegos
para sumergirnos en lo que sabemos
del mundo que es amarillo
que es obeso que tiene partículas aéreas
      que nos hacen lentos.

encima le pones música para ocultarlo
y a veces preguntamos qué es un color.

frag |4|62||

leí en una revista indexada glosada y muy manoseada:
Es proclive a reír de un modo tan contagioso como épico.
Ya saben, ese tipo de risa que uno desea escuchar sólo para
estar mejor.
No sabría transcribirla.
Como cuando te sueñas que saltas muy alto
y te quedas allí, en el punto más alto.
~~POR ESO ESCRIBIR PARECE INSULTANTE.~~

TRICROMÍA DEL INVIERNO

It is an ancient Mariner,
And he stoopeth one of three
COLERIDGE

y estamos los tres solos
cada uno en la orilla de sus argumentos
vestidos con piojos en las orejas
viendo a los niños de las aves
abrir sus fauces como agujeros
negros tratando de devorar
a sus padres. crecen tréboles
en las avenidas entre los carros
abandonados pues se acabaron
las reservas de petróleo y ya no suelen
moverse como antes: reciclan
para el invierno atómico sus chompas
de lana, sus pantalones vaqueros
y se alimentan a través del resuello.
y estamos los tres solos, parados
en medio de una ciudad donde nadie
teme ser atropellado, y me sonríen.

frag |81|89|

leí en otra parte del libro en pdf que me regaló Rodolfo H.:
Es el mundo dormido tras el cariñoso chaleco de la crupier.
Duró toda la noche su feroz ecología azul que en otros cuerpos no se nota
Una fruta humeante desata
su cabellera, me lleva a la ducha.
Moja su quieto infierno con el agua
dulce que dura ya seis siglos.
Dijiste sólo seis días, y luego hubo
un bis. Así se cocinan anfetaminas.
Relucen tus pasos en esta calle
por todas las galerías de la pasión.

43b. Las Estaciones fueron sus nodrizas.
Ella se compadeció del dios solo cuando
éste se disfrazó de cuco enlodado, y le
calentó cariñosamente en su seno. 43c. Allí él
reasumió inmediatamente su verdadera forma
y la violó, y ella se vio obligada a casarse con
él por vergüenza. 44. Ella se baña regularmente
en una fuente que renueva su virginidad.

TIMIDEZ

Cuando a la rosa le da miedo
danzar en el viento con un solo pie.
ENRIQUE PEÑA BARRENECHEA

agarran la verdad por el lado de la humedad.
estás comparando   otra vez
a la verdad con el cuerpo.
lo miran entre sus manos. una isla.
tal vez la vida es eso, una sucesión de islas.
avanzan su mirada bajo los platanales:
los hematomas, la caligrafía que revelan.
los diques que se rompen tras el tacto.
recuerdan la primera vez: una carpa la playa.
una hoja de Basho se desprende sobre ellos.
otra rama de retama sobre los ciervos blancos.
la fina tensión de los espinos, todo líquido y pesado
como si entre los cuatro hubiera arena muy fina
bulla de fondo, explosiones de agua y ladridos.
casuchas huecas de la periferia. nadie, se dicen.
ven las islas que se incineran mientras atardece.
se entretienen en las huellas tejidas en los cuerpos.
en el hombro unos pequeños cráteres y montículos

y un pequeño valle de meteoritos en la frente.
espejos apostados en piedra en la cabecera
de los nudos atan los momentos. las islas
y los vestidos florecen en desorden. están siendo
irónicas con el fino tuerto al soplar sobre las parcelas
húmedas del cuerpo. sigan, les dice, como si
toda la vida fuera una playa. la primera vez
todo les parece una tragedia hasta que entre los tres
lo recuerdan y se ríen. bajo los platanales la velocidad
no existe. tan solo la felicidad de no atrapar los días.
están siguiendo el camino de los nudos
por eso ponen al mar y sus piedras dentro de sí.
sus pequeños animales, su lenguaje mudo.
el mar explota, el mar crispa los puños, furia.
el mar se vuelve y deja pacífica arena en el arrecife.
y las islas mecanografiadas con breves cementerios.

frag |2|44||

leí detrás de un proyecto de desarrollo social:
Quiero ir a sitios contigo,
poseerte como dicen que hacían los viejos
cuando no había cámaras en las calles.
No sabes cuán insaciable soy,
ni miserable, ni cuán egoísta.
Derribo a escupitajos los aviones de papel
y me los guardo entre los rollos y las tetas
mientras los niños lloran y lloran.

HISTORIA NATURAL

a Eduardo, el cetrero

hablando de los animales
que llenaron el arca te pregunto
qué habrá sido del hipogrifo
esas cuarenta noches,
dónde habrá andado.
las creaturas del agua sobrevivieron.
todas las ballenas se multiplicaron
las tortugas los sapos y los bagres
también, el infierno es por ello la sed
pero ¿las criaturas de la tierra?
el diluvio es el castigo para quienes
abandonaron el agua
tal vez más para cuantos se atrevieron
a surcar el aire: el cielo está
destinado para los dioses.
¿qué habrá sido de la quimera
que vuela y que camina,
qué de la esfinge que como todos
los gatos le tiene pavor al agua?
y luego conversábamos de otra cosa.

frag |97|7|

leí en una cadena de mensajes motivacionales:
Cierren los ojos.
Imagínense a ustedes mismos hace diez años.
Respiren, recuerden, huelan, mírense.
Ahora
imagínense hace diez años imaginándose
a ustedes mismos en el hoy. Abran los ojos.

MANUAL DE ANTROPOLOGÍA

lavar la ropa a mano sacar a pasear
al perro al parque para que cague y corra
mientras sentado en una banca liamos
hierba en rilas de plátano concentrados
acomodarlos en la tabaquera y fumar uno
madrugar al huerto al fondo donde crecen
lilas magnolias algunos matorrales de coca
y un rosal recoger la ropa del tendedero
sacudirla y guardarla en la cómoda
escribir a mano una carta a mamá
contándole ayer renuncié al trabajo mandé
a la mierda a la abusiva de la dueña del teatro
y que tu mujer (a la que mamá llama de cariño
esa maldita perra) te ha dejado y se ha llevado
tus calzoncillos y que has encontrado
al gato del vecino ahorcado en tu ducha y cómo
se acabó el azúcar el café y la última bolsa
de detergente ir al lago a remar un rato
salir a pasear en bicicleta por el centro
tomar el teléfono para jugar con Cusco
la revancha de la partida de ajedrez de ayer

tender la cama, barrer la vereda, despachar
la carta por servicio aéreo esas huevadas
(casi digo cosas) que nos aclimatan
nos llevan de la mano al siguiente día.

frag |20|72|

leí en una tarjeta navideña de felicitación:
Pero hubo un tiempo, amada, en que fui duro
(casi Brecht).

Como si tuviera en las manos
una taza de café humeante
y estuviera a punto de estornudar.
Así me siento.

ENTRE LAS OBRAS DE ARTE QUE SON ATEMPORALES, PERO QUE NO

HECHO A MANO

para llegar a tu sombra tuve
que plantar miles de estacas
en la espuma de los caminos
marcas cuneiformes de un alfabeto
aerodinámico y persistente
para llegar a tu sombra
conocer entonces sobre botánica
sobre injertos
sobre las facultades del rutenio
y miles de cosas insignificantes
porque no servían para crear pan
ni para sostener el agua
para llegar hasta la frontera
del espacio que ilumina tu sombra
comprender la melodía
de las ablucinaciones
medir el espanto y el tiempo de
cada dinosaurio en el viento
y sin tocarte ha entrado
y sin mirarte te conozco
reconozco cada planeta del
universo firme en tu sombra.

frag |4|18|

leí en un videojuego:
Los dinosaurios
son ramas
de mi corazón.
¿Cómo saber cuál
es el camino que debo
tomar para llegar
a tu casa y hacerte
creer que crece
un dinosaurio cual
rama de mi corazón?

LA REGIÓN OSCURA

Se da cuenta de cómo ella sonríe.
Miran las fotos donde ella aparece
y donde todavía no andaban juntos:
lo llama la región oscura.

> *Mi primer amor tenía doce años y las uñas negras.*

Los días sobre los que él no nada sabe.
Fotos donde la ve reír cuando el sol sale,
cuando mira los trinos, cuando.

> *Mi primer amor se iba de mí espantado*
> *de mis doce idiomas y de mi tontería socialista.*

Hay algo impune en todo eso.
Vuelve su mirada a las fotos y se sabe
roto: las estrategias en clases
de econometría son más transparentes
para él que ese alejamiento progresivo

> *Mi segundo amor tenía quince años, pecas*
> *en todo el cuerpo, sin ideas, sin familia,*
> *demasiado futura, excesivamente femenina.*

como átomos de hidrógeno
luego de encontrarse a mucha velocidad.

> *Mi segundo amor me abandonó como en un tango.*

Una forma de ceremonia sentimental
¿no es cierto? Algo que resulta hasta ridículo.
Ella, claro, no lo ignora todo.
Cierra el álbum de fotos y coge otro,

> *Mi tercer amor me consoló con sus ojos lindos*
> *y con las doce faltas de ortografía de su última carta.*

se acomoda en el sofá,
lo abre sobre su regazo
y le muestra los viajes,
los lugares, las anécdotas.
Quieren contarse cosas.

> *Mi cuarto amor no tiene nombre.*

Entrar más allá (lo que se estila siempre)
hasta donde incluso no es posible.
La velocidad es lo ridículo,

> *Mi cuarto amor fue en un viaje en bus interprovincial*
> *por más de siete horas y la luna llena sobre los cerros.*

algo tan pequeño, nimio, risible,
y los sentidos no lo llegan a captar a fondo.
Él se va a convencer que está todo bien
y va a pensar en algo para estar en calma.

> *Mi cuarto amor me violó.*

En malabaristas ebrios trepando
la torre de termitas de quince metros.
En piedras semipreciosas ardiendo
como nieve dentro de su cerebro.

Mi quinto amor olía a perro mojado,

a tarde de cinema, a ropa interior, a pan caliente.

Grietas agazapadas debajo de la superficie.

La dejará allí en la sala con un buenas noches,

nos vemos mañana; regresará a su casa,

Mi quinto amor tenía 28 años, maestro estatal,

no comprendía a Martín Adán aunque lo leía bastante.

va a prender la radio,

va a fumar mirando el teléfono.

Cuando alguien otra vez pregunte,

esto también será parte de la región oscura.

frag |93|91|

leí en el menú canero:
dicen tener la razón
necesidad egoísta
¿sabes? tienen pruebas!
dicen
tienen interpretaciones
dicen
o eso quieren
que creas
como si bastaran
las pruebas

SON EXPLOSIVAS Y EXTENSIVAS EN EL MUNDO DE LA REVELACIÓN

APOLOGÉTICO SILVESTRE

a Harumi, maestro

las avispas me enseñaron, cuenta,
el refrenamiento
         la piel crispada
por el zumbido callado la certeza
de seis huellas diminutas en la nuca
y su hocico ajetreado

y la mano alzada
         lanzada
         para borrar ese paseo sobre el sudor
se detiene en el aire
                 permita mano
que la avispa alce el vuelo cachosa
y no en un último grito
como se les enseña bien a los guerreros
incinere con su aguijón la piel

la mano, dice José, aprende rápido.

frag |13|74|

ayer leí en el espaldar de una combi
tirarme por la ventana pero exigir
es un verbo casi tan duro
como odio o devorar
igual a confiar

PAÍS ABIERTO

a Alarico, todista

mi país es tan pequeño que si me levanto
por el lado izquierdo de la cama
ya soy un extranjero. mi país
no tiene más que una sola estación de bus.
en mi país cuando trajeron un cristo
crucificado para la única iglesia
tuvieron que cortarle un brazo para
que entrara. en mi país los días
duran la mitad. y la gente tiene
herramientas que a la vez son una taza
un taladro una espada un tambor una silla.
para que la comida dure el doble
comemos frente a los espejos.
ahora que viajo me doy cuenta
que solo se puede hacer bien el amor
en mi país. cuando vino la sequía
nadie se dio cuenta. cuando llegó
el invierno incendiamos la iglesia
y creamos al menos tres religiones más.
mi país tiene la misma cantidad

de alfabetos que de personas.
al miedo no lo conocemos pues hemos
sembrado tanto horror en el mundo,
que solo le tenemos pánico a dormir
porque en mi país nadie sabe
convertido en qué se puede despertar.

frag |84|75|[1]

leí en el dintel de mi casa
Escribir no es de humanos
Estamos hechos de carne
Y no tenemos corazón
Pero las palabras
Las palabras
Estamos hechas de nada
Y tenemos memoria

DE LA CLAUSURA (QUE ES EL MUNDO DE LA NATURALEZA Y LA OBRA DE ARTE)[2].

1. Estos fragmentos han sido tomados del diario-obituario-testimonio que escribiera el conocido Carl F. Rang. Todas eran anotaciones sueltas con una caligrafía diminuta que a veces alcanzaba el tamaño de un milímetro y medio, los cuales constituían en general proyectos de futuras cartas, novelas, guiones o simples glosas en base a sus lecturas que se publicaron bajo el título de *Polen* con un epígrafe de Adorno: «La forma de la carta es anacrónica»; y otro de B. Benjamín: «Se editan de manera insensata cartas de cualquiera»; un año después de su publicitado suicidio transmitido por varias redes sociales.

2. Cfr. Benjamín.

PAPAS Y CAMOTES

a Toño, maroquero

cuando cocino el sabor depende
para quién sea y qué tal me caiga.
cuando cocino para mí, por ejemplo,
todo me sale feo, quemado y triste.
cuando cocino para mi madre
todo sabe a leña verde y recojo violetas
en el camino para adornar su lápida
pues como todos saben mamá no está muerta.
cuando cocino para mi padre hay mucho ajo
y pólvora y clavos y esquirlas de mercurio.
cuando cocinamos con mi hijo él dice
que todo le gusta porque él cocina más que yo.
cuando cocino para mi amor estoy distraído
y estas llagas en mis manos son de agua
helada y aceite hirviendo pues las estrellas
son difíciles de sazonar.
cuando cocino para el Hombre
al cual a pesar de todo le tengo fe
las papas saben a papas
y los camotes a camotes.

ÏNDICE

MECANISMOS DE COOPERACIÓN

CONJETURAS

SIGA ESE PÁJARO

Flores que son una metáfora extrañamente cruda

No siga ese pájaro de Martín Zúñiga Chávez se editó por primera vez en Lima, durante los días finales de junio de 2017, año del centésimo vigésimo quinto aniversario del natalicio de César Abraham Vallejo Mendoza, en el sello peruano Paracaídas Editores; y por segunda vez en España siete años después, el día 22 de febrero de 2024, cumpleaños del editor, que se regala esta maravilla que suma a *Cover*, libro que ya figuraba en el catálogo de Difácil.